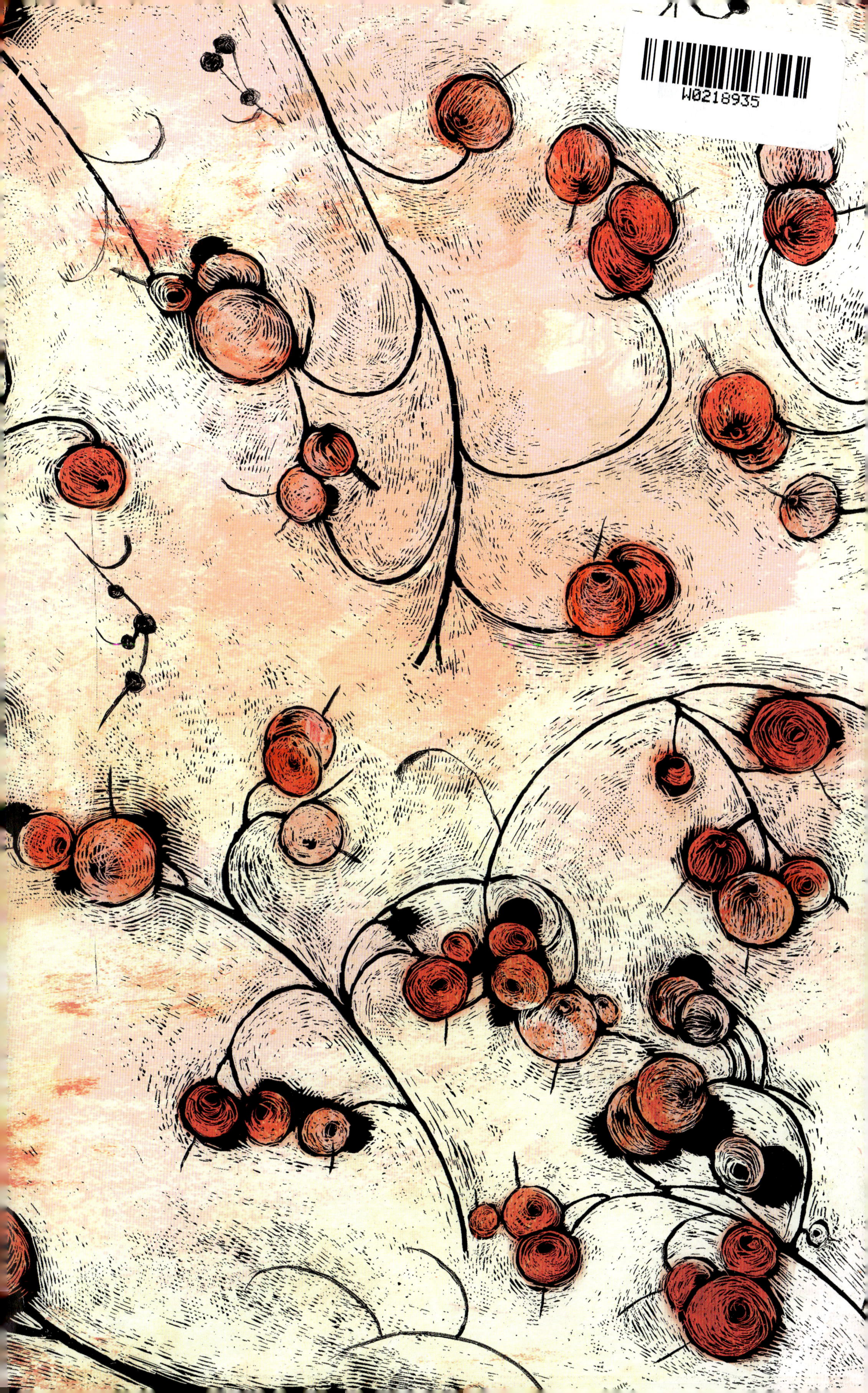

Le langage des oiseaux

Texte
Claude Boué

Illustrations
Christel Guibert

L'atelier du poisson soluble

Big bang

Au début, tout voisine avec tout.
Tout petit.
L'univers, le temps, l'espace, les galaxies, les systèmes, les étoiles, les planètes, les continents, les montagnes, les chemins, même les plantes, les animaux, les hommes, les femmes, petits, proches.

Sur une plage, mince, une fillette joue dans le sable. Il y a là, un minuscule là, une carapace de tortue miniature. La fillette remplit la carapace de grains microscopiques humectés de gouttelettes de mer, la renverse, la retire en lui imprimant d'infimes mouvements circulaires. Elle retient son souffle.
L'adorable tortue de sable qui demeure à ses pieds, arrache à la fillette un éclat de rire... étouffé. Elle lève la tête et cogne sur le ciel qui est là, à espionner par dessus son épaule.

Va- t-en !

Elle est en colère. Le ciel, embêté, glisse là où il y a un peu de place : vers le haut.

Plus loin !

Elle est vraiment en colère.

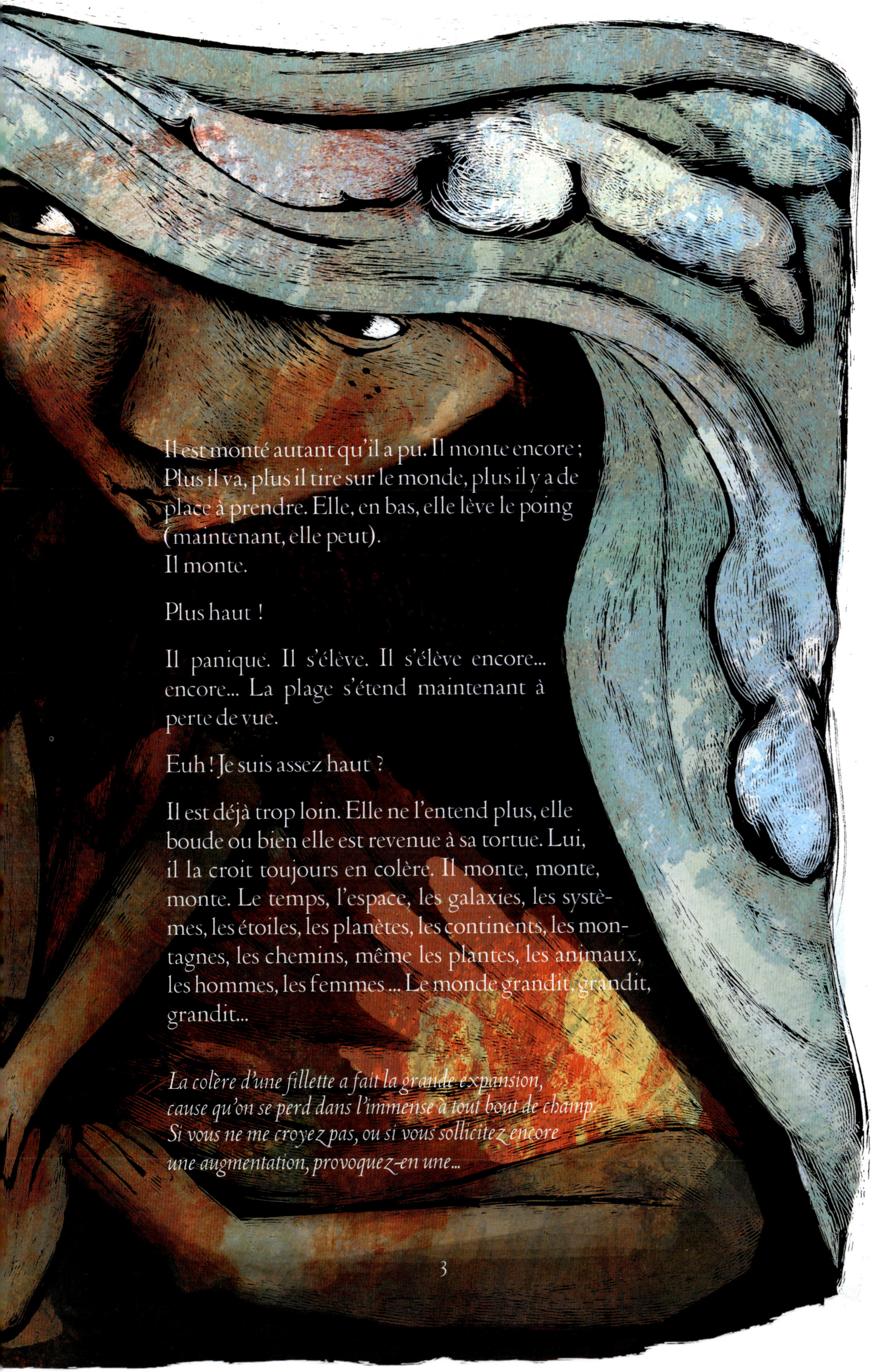

Il est monté autant qu'il a pu. Il monte encore ; Plus il va, plus il tire sur le monde, plus il y a de place à prendre. Elle, en bas, elle lève le poing (maintenant, elle peut).
Il monte.

Plus haut !

Il panique. Il s'élève. Il s'élève encore... encore... La plage s'étend maintenant à perte de vue.

Euh ! Je suis assez haut ?

Il est déjà trop loin. Elle ne l'entend plus, elle boude ou bien elle est revenue à sa tortue. Lui, il la croit toujours en colère. Il monte, monte, monte. Le temps, l'espace, les galaxies, les systèmes, les étoiles, les planètes, les continents, les montagnes, les chemins, même les plantes, les animaux, les hommes, les femmes ... Le monde grandit, grandit, grandit...

La colère d'une fillette a fait la grande expansion,
cause qu'on se perd dans l'immense à tout bout de champ.
Si vous ne me croyez pas, ou si vous sollicitez encore
une augmentation, provoquez-en une...

Idiot

D'abord, il y a mon père. Après il y a mon frère le premier, mon frère le second et puis il y a moi. Mon frère le premier est savant, mon frère le second est fort et moi je suis idiot.

Un soir, mon père appelle mes frères. Il dit que c'est important, qu'il parlera demain et il les envoie au lit avec sa bénédiction.
Je suis là.
La nuit, je ne dors pas. Le matin, je les entends :

— Mes fils, mes deux prunelles, mes pigeonneaux, j'ai décidé de me retirer du monde et de placer entre les mains d'un seul de vous deux les fruits de ma vie de labeur. Il aura tout, la boutique, la maison, les champs et en prime, la main de la cousine qui vous plaît tant et qui s'entend si bien au commerce.
Mes fils, mes bras, mes jambes, mes inséparables, au vainqueur des trois épreuves les bénéfices de ma succession !
Premier jour, première fièvre ! Courez, mes agneaux de lait et rapportez-moi avant ce soir la plus grande pièce de draps tissée sans coutures. Allez !

Mes frères lui montrent leurs dos et filent vers les deux bouts du monde. Ils ne sont plus là, mon père me voit.

— Il est là, l'idiot ! Il a entendu ? Qu'est-ce qu'il attend pour me débarrasser de sa présence ?

— Père, moi je suis idiot. La plus grande pièce de drap tissée sans coutures, je ne sais où...

— Imbécile ! Mets tes pieds l'un devant l'autre ! Essaie de marcher droit, tu finiras bien par aller quelque part !...

Quand mon père donne un ordre, j'obéis, et là, ce n'est pas facile parce que devant moi, il y a un mur.
Alors, je passe à travers le mur. De l'autre côté, c'est le jardin de mon père, je coupe par le potager, j'enjambe la clôture qui déchire les vêtements qu'il m'a donnés, je piétine ses champs, ses paysans me frappent avec leurs bêches et leurs fourches, mais moi, je ne dévie pas, j'arrive à la forêt, je grimpe au sommet de chaque arbre placé sur ma route, je redescends de l'autre côté la tête en bas pour garder la ligne droite.

Après la forêt, la rivière ! Je traverse en marchant sur le fond, je ressors de l'autre côté, je ruisselle, couvert d'herbes et d'eau. Il y a un cheval dans le pré, juste sur le chemin de mon père. Je m'approche. Il ne bouge pas. Il broute. Je lui dis : "Pousse-toi !" Il se retourne, il me dit "Non !" et il se remet à brouter.
La colère me prend. Je fais les trois pas qui nous séparent. Je jette ma jambe gauche vers le ciel. Je suis à califourchon sur son dos, à l'envers de sa tête. Je le sens sourire sous mon poids. Il se met en marche. Je suis perdu.

— Arrête ! Tu es fou ! Arrête-toi ! Ce n'est pas le bon chemin ! Tu n'as pas le droit !

Plus je crie, plus je m'affole, plus il va, au pas, au trot, au galop. Je m'agrippe des deux mains aux crins, je ferme les yeux, je le supplie d'arrêter, il court, il vole, ça n'a pas de fin. Il s'arrête.
Il dit : "Descends !"

Je lâche tout. Je dégringole au sol par terre. Je suis tombé sur du gravier blanc, dans une cour, devant un château.
La porte s'ouvre à deux battants. Je la vois. Elle est très belle. J'ai plaisir à la voir avancer vers moi. Je n'ai pas peur. Son poil vibre dans le soleil, sa queue se balance en cadence, elle m'inonde avec la lumière de ses yeux bruns. Ses moustaches frémissent avec grâce.

— Bonjour jeune homme. Sois le bienvenu !

On ne m'a jamais dit bienvenu, jamais souhaité le bonjour, je suis idiot, je ne sais pas répondre.

— Ne restons pas là. Viens te rafraîchir et te restaurer. Entrons.

Je me relève et je suis la petite chatte brune à l'intérieur de son château.

Elle me sert à manger et à boire, elle me parle. Je mange, je bois, j'écoute. Elle en a de la conversation cette petite chatte-là ! Soudain, son oreille droite se dresse...

— J'entends tes frères qui reviennent.

C'est vrai que je suis parti pour chercher la plus grande pièce de drap tissée sans coutures, mais je ne sais pas, moi...

— Prends cette boîte. Quand tu es devant ton père, tire le fil qui en sort. Va maintenant, vite !

Elle me donne la boîte. Je la prends. Elle me pousse dehors. Dans la cour, le cheval m'attend. Il dit :

— Monte sur mon dos... Dans le bon sens cette fois !

Je grimpe, il va, nous arrivons.

Devant la maison de mon père, des carrioles, des charrettes, des voitures des deux bouts du monde pleines à déborder de grandes pièces de drap tissées sans coutures. Mon père mesure. À l'ongle près mes frères en ont ramené la même quantité ; Mon père est embêté. Il me voit :

— Imbécile, abruti, idiot ! même pas capable de se perdre ! Le voilà revenu comme s'il n'était pas parti.
— Père, je suis parti. Me voilà de retour. Je vous ai rapporté ceci...

Comme elle me l'a dit, de la boîte, je tire le fil. Ce n'est pas un fil, c'est un ruban de toutes les couleurs du monde, une cascade de calicot, un fleuve de moire, un océan de soie arc-en-ciel qui coule entre mes doigts sans la moindre couture et qui n'a pas de fin.
Mon père me regarde. Il dit : "Tu as gagné." Mes frères baissent la tête. Mon père soupire.
Cette nuit-là, je dors. Le matin suivant, je suis avec eux devant lui.

Mes fils, mes trois fils, un autre jour, une autre piste à suivre. Toi l'aîné à la tête si pleine, toi le cadet à la force accomplie et toi, le benjamin, vous connaissez ma passion du gibier bien tué. Volez, mes éperviers et rapportez-moi avant le soir le chien de chasse qui n'a ni faiblesse ni défaut ! Allez mes gerfauts, pour l'amour de moi, de mon bien et celui de la cousine !
Allez !

Il a parlé, mes frères ont disparu. Moi, je sors de la maison par la porte, je traverse le jardin en empruntant l'allée, je pousse le portail qui donne sur les champs. Je marche sur le sentier qui évite les semis frais. Dans la forêt, je contourne les arbres. À la rivière, je vois sur ma droite le pont qui l'enjambe et que je n'avais pas vu la veille. De l'autre côté, dans le pré, le cheval m'attend. Je souris.

— Conduis-moi chez elle.
— Monte !

Tant que dure sa course, je garde les yeux ouverts sur le paysage mouvant. Nous arrivons au château comme le soleil est au plus haut. La petite chatte brune m'attend au sommet des marches. Je cours vers elle, je l'embrasse. Tout le reste du jour, nous parlons. Il me semble que je revis, entre deux éclats de rire, tout ce qui vient de se passer, que les mots, les siens, les miens, m'envahissent, qu'ils m'éveillent, m'ordonnent. Avec elle, je ne suis plus idiot. J'écoute, je parle, je ris. Elle aussi, comme elle rit ! Elle en a les moustaches qui frisent ! Soudain, son oreille gauche se dresse...

— Quel vacarme devant la maison de ton père ! Ça aboie ! je n'aime pas ça.
— Ce sont mes frères qui reviennent avec le chien sans faiblesse ni défaut. Pourrais-tu ?...
— Un chien ! Tu n'y penses pas ! C'est le palais de la chatte brune, ici. De chien, je n'ai pas, mais j'ai ceci...

Dans sa main, elle tient un œuf vert.

Devant ton père, appuie sur l'œuf ! Va maintenant, il est temps.

Je m'approche d'elle, je l'embrasse, je lui dis : "Au revoir, à demain." Le cheval m'emporte.

Une meute innombrable a envahi la maison et ses alentours. Mes frères ont ramassé tous les chiens trouvés de part le monde. Il y a là les rasés, les poilus, les finauds, les mafflus, les plissés, les gueulus, les courtauds, les queueillus... Tout ça renifle et pisse et chie à qui mieux mieux dans tous les coins. Au milieu de la mêlée, mon père m'aperçoit. Il lève les bras au ciel.

— Mon fils, sauve-moi, débarrasse-moi de cette engeance !

Comme elle me l'a dit, j'appuie sur l'œuf. Aussitôt, un petit félin vert en jaillit. Il feule :

— Que faire, maître ?
— Chasse-les !

C'est fait. Plus une seule trace de la meute, dissipée, avalée, engloutie.

— Que faire, maître ?
— Va, et rapporte !

Un éclair vert parcourt la forêt. Il est de retour à l'instant. Dans sa gueule, faisans, lièvres, faons, biches, cerfs... C'est le meilleur chasseur du monde.

— Que faire, maître ?
— Rentre dans l'œuf.

Il le fait. Il n'a ni faiblesse ni défaut.
Mon père s'empare de l'œuf.

— Mon fils, mon préféré, mon diamant, mon unique, tu as encore gagné ! Mieux vaut ta tête bien faite qu'une tête farcie du vent des livres ! Combien ta jeunesse l'emporte sur la force brute ! Toi seul portes mes espoirs. Mon fils, du repos maintenant, abandonne-toi au réconfort du sommeil. Demain, dernière épreuve. J'ai confiance.

Cette nuit-là, je rêve que je suis chez elle. Au matin, quand je me rends devant mon père, mes frères me suivent.

— Mon fils, dernier jour, dernière montagne à gravir. Que reste-t-il de moi, pauvre vieux croûton sec, alors que je m'apprête à te remettre les clés de mon existence ? Ta mère nous a quittés depuis longtemps et tu sais, toi qui lis mes pensées, combien je me sens seul. Pour agrémenter mes vieux jours, tu feras paraître devant moi avant le soir la plus belle femme du monde afin que j'en ai l'usage. Mes vœux les plus fervents t'accompagnent. Va. Je suis sûr de ton succès.

Je vais, mais d'abord, je siffle le cheval qui pénètre dans la maison en fracassant la porte. Je le selle, c'est plus confortable et je pense même à baisser la tête quand nous passons sous le chambranle. Mes frères tentent de nous suivre. Nous les laissons sur place.

— Va plus vite encore !

Je ne sais pourquoi, je suis impatient et inquiet, indifférent à la course. Le gravier blanc qui crisse sous les sabots de mon ami me tire de mes rêveries. Elle n'est pas là, les marches du palais sont désertes. Je parcours le château. Il est vide. Quand je ressors, le cheval a disparu. Je suis seul, idiot à nouveau, flottant, indécis... Tout à coup, mon regard est frappé par une petite porte que je n'ai pas vue auparavant. Elle est fermée. Il y a une clé, je la tourne. Je pousse la porte, je me courbe pour passer. De l'autre côté, je suis dans un jardin enclos, un puits de lumière et de couleurs au cœur du palais de la chatte brune.
Elle est là. Elle m'attend. Devant elle, une bille de bois dans laquelle est plantée une hache aux reflets aigus, de part et d'autre, deux feux qui brûlent hauts et clairs. Je m'approche, j'ouvre la bouche. Elle m'interrompt.

— Je t'en prie, ne dis rien. Aujourd'hui, c'est moi qui ai besoin de toi. Veux-tu faire quelque chose pour moi ?
— Demande-moi ce que tu veux, je le ferai !
— Tu le jures ?
— Tu es mon amie. Mes yeux, ma peau, mon sang sont à toi. Je le jure.

Elle sourit. Elle dit : "Je te crois." Et elle ajoute en souriant : "Coupe-moi la tête."

Les murs du palais s'écroulent sur mon crâne. Un vent glacial éteint le printemps, avive les flammes. Elle allonge le cou sur le billot.

— Tu as promis...
J'arrache la lame du bois.
— Quand je suis morte, jette mon corps dans ce feu, ma tête dans l'autre. Fais-le maintenant...

Je lève le bras vers le ciel. Je l'abats de toutes mes forces. Sa tête roule à mes pieds.
Je dépose le corps dans un feu, la tête dans un autre. J'attends.
Je les vois fondre. Je vois les braises rouges, je vois les cendres grises. Je sais que je l'ai perdue à jamais. Je pleure.

Du feu de droite s'élève une vapeur, un tremblement d'air. Du feu de gauche, un filet de brume. Ils se joignent, dessinent une silhouette qui prend forme et chair devant moi. Elle est brune, simplement vêtue de brun. Elle m'inonde avec la lumière de ses yeux bruns. Elle me tend la main. Je l'entraîne au-dehors. Le cheval est revenu.

— Conduis-nous chez mon père. Au pas, s'il te plaît...

En selle, je la prends dans mes bras. Elle est si légère ! Le cheval flotte dans les airs. Son pas est doux. En chemin, nous ne disons rien.
Arrivés devant la demeure paternelle, nous sommes entourés de toutes les femmes du pays que mes frères ont réunies. Il y a là les belles, les remarquables, les admirables, les merveilleuses, les incroyables, les sublimes, mais quand elles aperçoivent celle que je porte, toutes les femmes s'évanouissent de rage et de jalousie. Mes frères rentrent sous terre et mon père s'avance vers nous, les mains ouvertes, des larmes de joie plein les yeux.

— Tu as réussi, c'est elle ! C'est la plus belle femme du monde ! Mon fils, tu as gagné ! Tout est à toi ! La boutique, la cousine, la maison, les champs !
— Père, vendez la boutique, brûlez les récoltes, découpez la cousine en deux parts égales pour mes frères, rasez la maison si vous n'en avez plus besoin ! Je ne veux rien de vous, mais la femme qui est avec moi, si elle veut de moi...

Je lui demande : "Veux-tu de moi ?"
Elle sourit. Elle me dit...

Ce qu'elle dit ne regarde qu'elle et moi. Lecteur, tu n'en sauras rien. Sache seulement que sur ce cheval-là, nous avons fait ensemble un petit bout du chemin, que peut-être même, à l'heure où je t'écris, de ce cheval-là, nous n'avons pas encore mis pied à terre.

La chemise de l'homme content

Pfouou !... C'est nul !... Qu'est-ce que je peux faire ?... J'sais pas quoi faire !...

Et de soupirer, maigre, blanc, mou. Le fils du roi-propriétaire atteint ce pot-au-noir de la vie où viennent s'encalminer certaines jeunesses, faute du moindre vent d'intérêt.

Alarmé, le roi-père invite le ban et l'arrière-ban de la science et de la sagesse locales à partager son angoisse. On entasse ce petit monde dans une pièce du palais, sans rien à becqueter ni biberonner avec défense de sortir sans le remède adéquat.

— Mes amis, nous sommes dans la merde et pas qu'un peu. Nous savons tous ici que le mal dont souffre le fiston est imprévisible. Passe encore pour la bouffe, mais l'absence de boisson se fait déjà cruellement sentir. Quelqu'un aurait une idée ?...

Et tous de se creuser avec l'énergie du désespoir. Un, dont la sagesse éclate dans sa trogne, consulte la bouteille dissimulée dans sa poche et s'illumine aussitôt.

— Camarades, expédions ce tyran sur la piste de la chemise de l'homme content ! Avant qu'il ait mis la main dessus, l'eau aura le temps de couler sous les ponts et le vin dans nos gosiers en pente.

On fait ouvrir les portes et solennellement, on annonce au roi-juge.

Sacrée couronne, tu devras trouver la chemise de l'homme content et en revêtir ton fils. La guérison sera instantanée. Nous t'invitons dès maintenant à faire célébrer la prochaine bonne nouvelle. Qu'on dresse les tréteaux et débouche les bouteilles !

Le lendemain matin, le roi, encore un peu nauséeux, fait mander quatre émissaires patentés.

Les gars, vous allez me dénicher un homme content. Allez, zeste, au boulot !

Tôt revenu, le premier a les mains dans les poches et la gorge sèche. Le second ramène un moine.

— Alors, frère, content ?

— En vérité, oui, frère roi. Je suis content.

— Aucun nuage sur ta tonsure ?

— Aucun. L'eau du ciel coule sur ma rotondité, le sang de la terre, seul, emplit ma barrique.

— Frère, que dis-tu si je fais de toi mon évêque personnel et t'attache à ma table ?

— Je dis amen.

— Aïe ! l'homme content est forcément content de son sort. Tu n'es pas celui que je cherche.

On est sans nouvelles du troisième émissaire. Une taverne l'aura avalé sur le bord du chemin. Le quatrième revient, accompagné du roi du royaume voisin en bras de chemise de soie.

- Salut, collègue. L'homme content, ne cherche plus. Il est devant toi. On m'a expliqué ta petite affaire. Je suis plus beau, plus riche, plus puissant que toi. Je suis roi, c'est moi.

L'autre, soulagé, tend ses mains vers le vêtement tant désiré.

— Merci, collègue...
— Justement, entre presque égaux, à toi, je peux bien avouer. Vois-tu, le soir, dans le noir, en m'endormant, j'ai peur de ne pas me réveiller... Oh ! Pourquoi, pourquoi faut-il abandonner un jour inévitable tout ce bonheur pour un royaume de planches pourries, de vers qui vous dévorent, d'ossements salis ?...

Le roi-agacé s'en va seul à la chasse, pour passer ses nerfs sur le gibier. Sur le bord d'une vigne rousse, s'agitent deux oreilles de lapin. Le roi, prompt, épaule, vise et... suspend son geste, frappé par la beauté claire d'une chanson qui cascade entre les ceps. Dans la vigne, un paysan entre deux âges travaille. Il chante.

— Jolie chanson.
— Sacrée couronne, je l'ai inventée pour ma femme qui est dans la petite maison que tu aperçois là-bas au soleil d'automne.
— Tu es donc bien content, mon ami.

— Oui.
— Viens avec moi au palais. Tu me plais, je veux faire de toi un homme riche et puissant...
— Ne le prends pas mal, sacrée couronne, c'est non.
— Comment dors-tu la nuit ?
— ... Mais... très bien.
— Et mourir ?
— Paysan, roi. C'est notre lot. Quand mon heure viendra, je serai prêt.
— Mais alors... Tu es... Tu as...

Le roi marche sur l'homme content. Il arrache les quatre boutons raccommodés de sa vieille veste. Sous la veste, l'homme n'a pas de chemise.

Rentré au palais, le roi flanque une raclée à son fils. Celui-ci, désormais, se tient à carreau, étudie science et sagesse. Il grossit, prend des couleurs, son teint fleurit. Son père mort, il est roi ni meilleur ni pire que d'autres.
Tout est pour le mieux dans le meilleur des mondes possibles... jusqu'au jour où le roi-nouveau, à son tour, a un fils...

Celui

qui comprend le langage des oiseaux

Dans la cité enceinte de murs, un commerçant et sa femme sont en mal d'enfant. Toutes tentatives faites, ils se résignent à sortir de la ville recueillir l'avis d'un ermite qu'on dit capricieux mais puissant. Celui-ci les reçoit dans son désert.

— Partagez ce fruit et rentrez chez vous. Ce sera un fils.

Ravi, le commerçant dépose aux pieds de l'ermite une pièce d'or. Neuf mois plus tard, leur naît le rejeton tant espéré.

Les meilleurs soins, l'éducation la plus coûteuse, lui sont prodigués. À dix ans, il est autorisé pour la première fois à accompagner son père dans le périple annuel que celui-ci accomplit par mer et par terre auprès de ses lointains fournisseurs.

Un jour, dans une ville étrangère et banale, le père et le fils passent dans une rue qui n'a rien de particulier, devant une maison semblable à tant d'autres. Le commerçant s'arrête. De la maison, sourd un murmure multicolore. On distingue plusieurs voix qui composent une harmonie sans nuages dans une langue inconnue et familière. Frappé de curiosité, il heurte à la porte. Le chant s'interrompt. Un vieil homme au regard clair ouvre à l'homme et à l'enfant.

— ... Cette maison est une école. J'y enseigne à mes élèves le langage des oiseaux.
— Maître, voici mon fils que je veux voir initié en tout apprentissage.
Voici de l'or pour prix de sa pension. Je repasserai le prendre sur le chemin du retour.

Deux ans. La boucle du père ne le ramène pas sur ses pas. Un temps, il a beau chercher, recouper ses itinéraires, impossible de retrouver la ville dans laquelle il a abandonné son fils. L'impuissance le lasse. Il décide de retourner directement à sa femme.

— Ton fils a disparu en mer. Il y a eu une tempête, il est tombé.

Elle pleure de ses deux yeux, inconsolable. Il repart en voyage. Dix ans s'écoulent.

Un jour, dans une ville étrangère et banale, le marchand passe dans une rue qui n'a rien de particulier, devant une maison semblable à tant d'autres. De la maison, sourd un murmure multicolore...
Un jeune homme ouvre la porte.

— Où est le maître ?
— Il ne demeure plus à l'école. Je finis ma leçon et je te conduis jusqu'à lui...
— Maître, où est mon fils ?
— C'est le jeune homme qui t'a accompagné jusqu'ici. Il a été mon meilleur disciple, c'est lui le maître maintenant. Vos routes se sont croisées à nouveau, il est juste qu'il reparte avec toi. Commerçant, reprends ton or. Tu ne me dois rien, c'est moi qui suis ton obligé.

Sur le chemin du retour, le père et le fils embarquent pour la dernière traversée. Accoudés au bastingage, ils songent séparément en regardant les flots. Deux oiseaux de mer se posent près d'eux et entament une conversation rauque et animée.

— Fils, que disent-ils ?
— Père, je ne peux vous le répéter.
— Tu refuses de satisfaire ma curiosité ! Pourquoi t'ai-je fait donner toute cette éducation ?
— Père, je vous en prie... Je ne peux pas...
— Allons, avoue ! Tu ne sais rien. Le vieux charlatan s'est bien moqué de moi avec ses grands airs. Que t'a-t-il appris, toutes ces années, sinon à tromper tes semblables ?
— C'est vous qui vous trompez. Je les comprends, mais il vaudrait mieux pour vous que les choses soient telles que vous le pensez.
— Je perds patience. Vas-tu parler ? Je suis ton père. Je te l'ordonne !
— ... Ils disent... que vous finirez votre vie en mendiant misérablement pendant que moi, je serai roi de la moitié de la Terre.
— Mensonge !

Le père empoigne le fils. Il le jette par-dessus bord.

— Il était écrit que tu mentirais et que je dirais la vérité. Adieu.

Rentré chez lui, le commerçant retrouve ses magasins et ses entrepôts brûlés. Il est ruiné. La foule de ses concurrents achève promptement la besogne. Sa cargaison est saisie. On vend sa maison, ses dernières dépouilles. On les chasse hors des murs, sa femme et lui, les condamnant à errer sur les chemins, à mendier, misérables.

Une fois le bateau éloigné, celui qui comprend le langage des oiseaux s'est laissé dériver vers l'autre côté de la mer, en écoutant la rumeur du ciel. Epuisé, il gît sur la plage. Un pêcheur et sa femme le recueillent.

— Jeune homme, tu es le premier vrai cadeau que nous fait la mer. Nous t'avons tant espéré. Vis avec nous comme notre fils.

Avec l'aide de celui qui comprend le langage des oiseaux, les filets du pêcheur ne désemplissent plus. Là où régnait la gêne, l'abondance s'installe.

Un jour, parvient jusqu'à leur rivage le récit des malheurs du grand roi de ce côté du monde.

— Pêcheur, cette histoire est mon histoire. Je pars rejoindre le roi de cette moitié de la Terre.
— Fils, tu as notre bénédiction. Fais pour le mieux. Va, et ne nous oublie pas plus que nous ne t'oublions.

La capitale est envahie par une multitude de gens venus assister à l'humiliation quotidienne du souverain.

Chaque matin, le grand roi s'allonge sur son lit de justice dans la cour du palais et chaque matin, avant qu'il ait pu esquisser un geste, prononcer une parole, trois oiseaux se posent sur sa tête, y chantent à trois voix et y chient de concert avant de reprendre leur vol, chacun dans une direction différente.
Celui qui comprend, porté par un remous, se retrouve au premier rang de la foule.

— Je supplie celui qui peut me délivrer de ce cauchemar de se faire connaître. Il me succédera sur le trône.
— Je suis celui que tu attends.

Le roi blêmit quand les trois oiseaux, répondant à l'appel du jeune homme, surgissent à l'horizon et s'abattent pour la seconde fois de la journée, sur sa tête.

— Roi, l'oiseau qui vient du Sud est une oiselle. Celui de l'Est et celui de l'Ouest sont des mâles. L'oiselle vivait avec celui de l'Est. Un jour, il a disparu. Elle a alors vécu avec l'oiseau de l'Ouest. Son premier mari est revenu. Ils sont devant toi tous les jours tous les trois pour que

dans ta sagesse tu juges avec qui elle doit demeurer. Hélas, tu ne réponds jamais et, tous les jours, ils te marquent leur désespoir et leur colère.

— Jeune homme, toi qui comprends le langage des oiseaux, je m'en remets à ta sagesse. Rends ce jugement pour moi.

Le jeune homme tend les bras vers le roi. Aussitôt, deux des oiseaux se posent sur ses mains. Il les approche tour à tour de son visage. Il leur parle. Les oiseaux s'envolent. Un vers l'Est, l'autre vers l'Ouest.

L'oiselle est restée sur la tête du grand roi. Celui qui comprend lui dit une phrase brève. Elle s'envole à son tour, suivant un des mâles.

— C'est fini. Ils ne reviendront plus.

— Que leur as-tu dit ?

— J'ai dit aux oiseaux de voler où bon leur semble. J'ai dit à l'oiselle de suivre celui qu'elle aime.

Le vieux roi tient parole, meurt bientôt, abandonnant dans les mains de celui qui comprend le langage des oiseaux la royauté sur la moitié de la Terre.

Le nouveau roi fait venir au palais le pêcheur et sa femme. Il règne pour le bonheur du plus grand nombre, attentif à chacun.

Un jour, le roi qui entend le langage des oiseaux marche incognito, comme à son habitude, dans sa ville close de remparts. Sur la place du marché, accroupis dans la poussière grise, un vieux mendiant et sa femme regardent la terre triste de les porter encore. Le roi s'approche et dépose devant eux une pièce d'or. De ses lèvres, sourd un murmure multicolore, une harmonie sans nuages dans une langue inconnue et familière. Le mendiant relève le tête...

Celle qui aime

qu'on se cache et qu'on ne soit pas découvert

J'aimerai celui qui m'aimera... et qui saura se cacher trois jours entiers sans que je le découvre... elle dit... la fille.

Le premier amant s'est fait connaître puis s'est éclipsé avec politesse, a filé dans la forêt.

Dans une broussaille d'épines, il entend geindre. C'est un aiglon, tombé dans les ronces, qui meurt et qui se plaint. L'homme défait le piège, un jeu de patience. Sans déchirer les ailes, sans faire mal, il délivre l'oiseau-enfant. Un grand aigle s'abat à ses côtés.

Homme, tu as sauvé mon fils d'une mort certaine. Merci. Accroche-toi à mes serres. Nous allons monter le plus haut possible. Tu te confondras avec moi. Elle ne pourra jamais te découvrir.

Ils s'envolent. L'aigle grimpe à grands coup d'ailes. Ils ne sont plus qu'une virgule, qu'un point suspendu sous les nuages. Elle sort. Elle lève la tête.

Ciel ! Rends-me-le !

Badaboum ! tourbillons, vents, tonnerre !
L'aigle rabattu lâche le gars tout moulu aux pieds de la fille... Qui tourne les talons. Exit !

Un autre gars, la fille, il l'aime. Faut dire que la fille !...

Prêt ? Partez ! Le gars fonce dans les rochers au bord de la mer — Il connaît une chouette grotte — Dans un trou, y'a un tout petit poisson qui s'asphyxie en silence. Le gars, y's'baisse, ramasse et lance à la mer.

Le tout petit poisson disparaît en frétillant. L'eau écume. Y sort un gros gros poisson qui bâille de la bouche et des nageoires.

Évidemment, c'est facile avec les mains !... Non... J'plaisante ! Merci pour Fifils. Si tu cherches une planque, t'es servi.

Y bâille. Le gars s'engouffre dans son gosier. Clap ! Ça bouillonne un coup, et puis plus qu'un clapotis et puis une ridule, presque rien... La fille sort, regarde la mer.

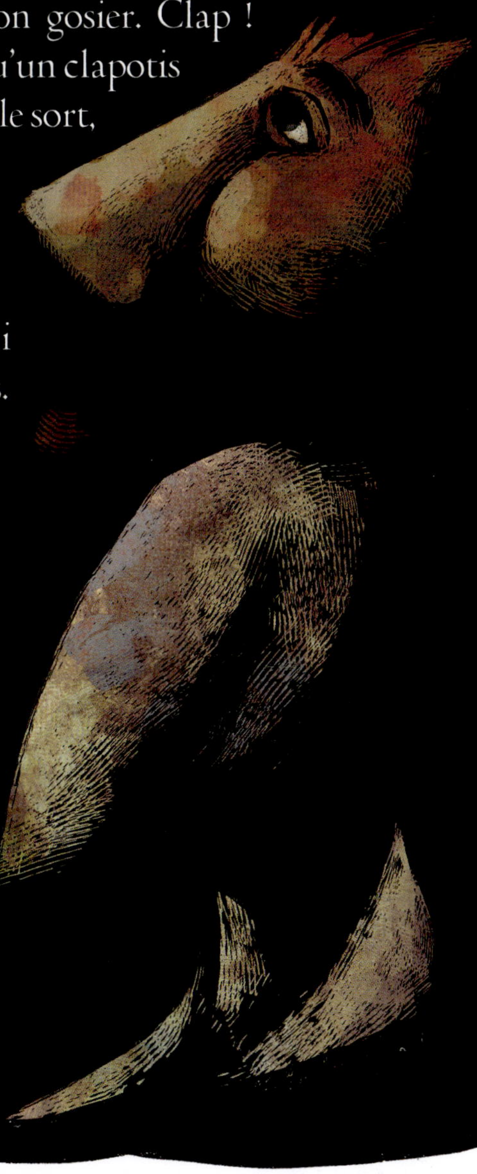

Mer, rends-me-le !

Bloarb ! C'est un gros gros poisson qui rend de la bouche et des nageoires. L'autre gars est expulsé sur la plage, recouvert de glaviots sous-marins. La fille se bouche les narines.

Moi, cette fille, elle me plaît depuis le début du commencement du monde. Quand je sors de chez elle après lui avoir déclaré mon amour, y'a une fourmi presque sous ma chaussure qui crie :

"Fais gaffe" ! J'écarte mon pied. Elle me dit : "Merci !"

Je lui réponds : "De rien" et je suis transformé en fourmi à mon tour. Viens, qu'elle me dit. On va se cacher où elle ne nous trouvera jamais... Sur elle !

Guidé par ma copine à six pattes, je grimpe le pied. On en est au mollet quand elle sort dehors.

Un temps et elle dit :

Ciel ! Rends-me-le !

Rien.

Mer, rends-me-le !

Toujours bernique.
Quand même, elle doit sourire encore.

Terre rends-me-le !

Tu parles ! C'est pas si simple !

Elle sourit plus.
Elle rentre chez elle un peu inquiète.
Ça balance un peu, mais guère plus que quand toi tu marches sur ta planète qui, je te rappelle, court dans l'espace à des vitesses infinies. La fourmi et moi, on monte vers les zones intermédiaires, histoire de passer la nuit au chaud. Je te dis pas le paysage ! Une merveille.

Ciel ! Rends-me-le !
Mer, rends-me-le !
Terre rends-me-le !

Tiens, elle est réveillée. Mais elle a pas plus de succès que la veille.

On reprend l'ascension.
Direction les seins. En douceur. Faudrait pas que la demoiselle soit chatouilleuse et le deuxième jour se passe dans le délice des montagnes russes.

Ciel ! Rends-me-le !
Mer, rends-me-le !
Terre rends-me-le !

On a gagné. C'est le troisième jour. On est sur sa tête. De dépit, elle la secoue dans tous les sens. On est projeté à terre. Et là, de deux choses l'une, ou c'est ma copine qu'elle écrase sous un talon rageur, ou c'est moi. De toutes manières, je veux plus l'épouser. J'ai déjà fait le tour, ça va.

La Chaperon rouge

Cette fille-là, mon vieux, elle est terrible !

Elle est intelligente, jolie, gentille, aimable, souriante, vive, fraîche, gaie, et surtout, polie et obéissante.

La mère, elle lui demande n'importe quoi, la fille, elle le fait :

– Fille, tu peux nettoyer la cuisine, dépoussiérer les rideaux, battre les tapis ?...

Et hop, tornade blanche !

– Fille, tu peux changer les couches de ton petit frère qui a fait un gros caca pour faire plaisir à sa maman ?...

Et flatch, elle torche !

– Fille, tu peux... ?

Toujours, elle peut, la fille.

Alors, la mère, pour être sûre de ne jamais la confondre avec une autre, elle lui a fait un costume tout à fait spécial.
Elle lui a fait des chaussures rouges, des chaussettes rouges, une culotte rouge, une jupette rouge, une chemisette rouge et par-dessus tout ça, un grand manteau rouge avec un capuchon rouge

si bien que tout le monde appelle cette fille :

La Chaperon rouge.

Un jour, la mère, elle dit à la fille :
— Fille !

Va porter à Mère Grand qui est malade et qui habite de l'autre côté de la forêt, le panier avec la galette, le pot à lait et le pot à beurre ! Ouste !

La Chaperon rouge attrape le panier, fait trois pas, ouvre la porte... À PEINE ELLE A OUVERT LA PORTE QUE DEVANT ELLE IL Y A...

... des enfants qui jouent dans un pré devant la maison :

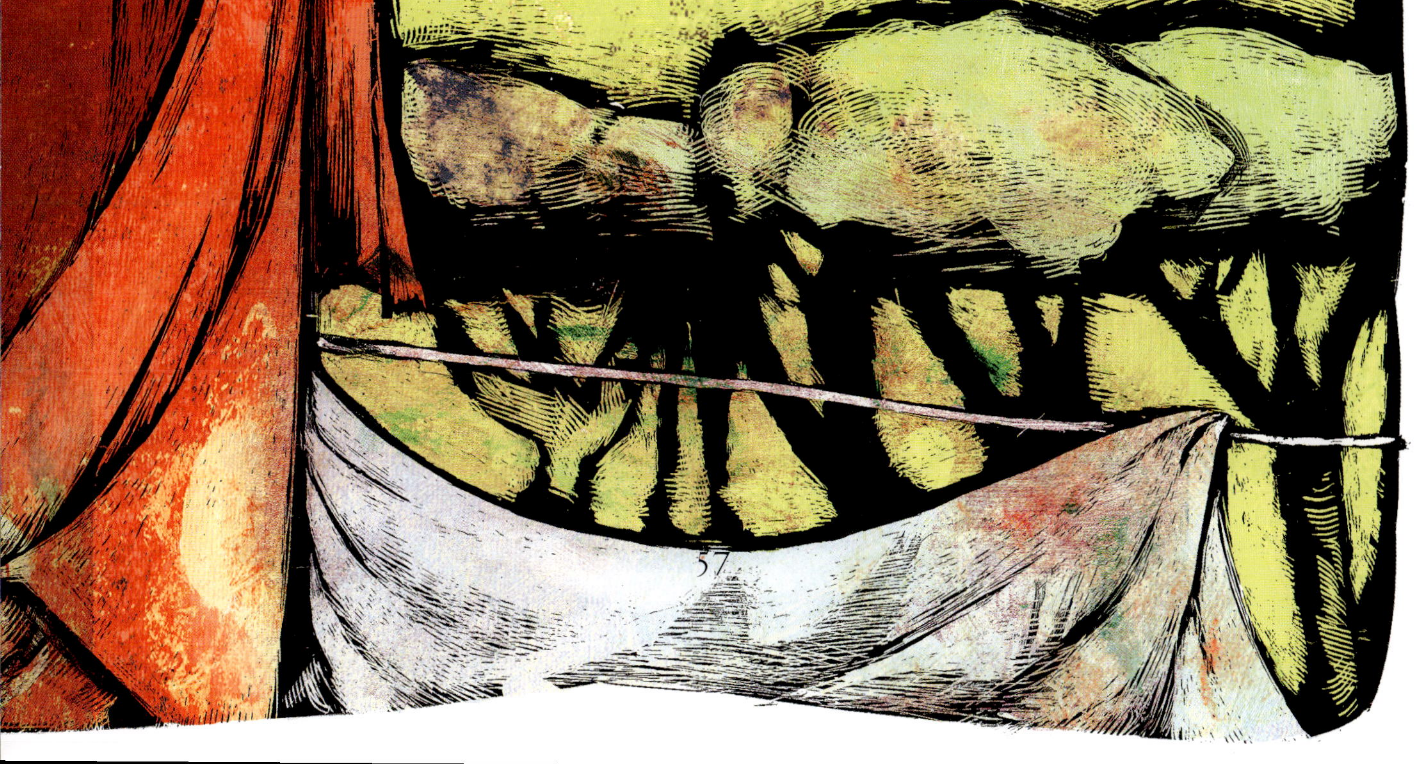

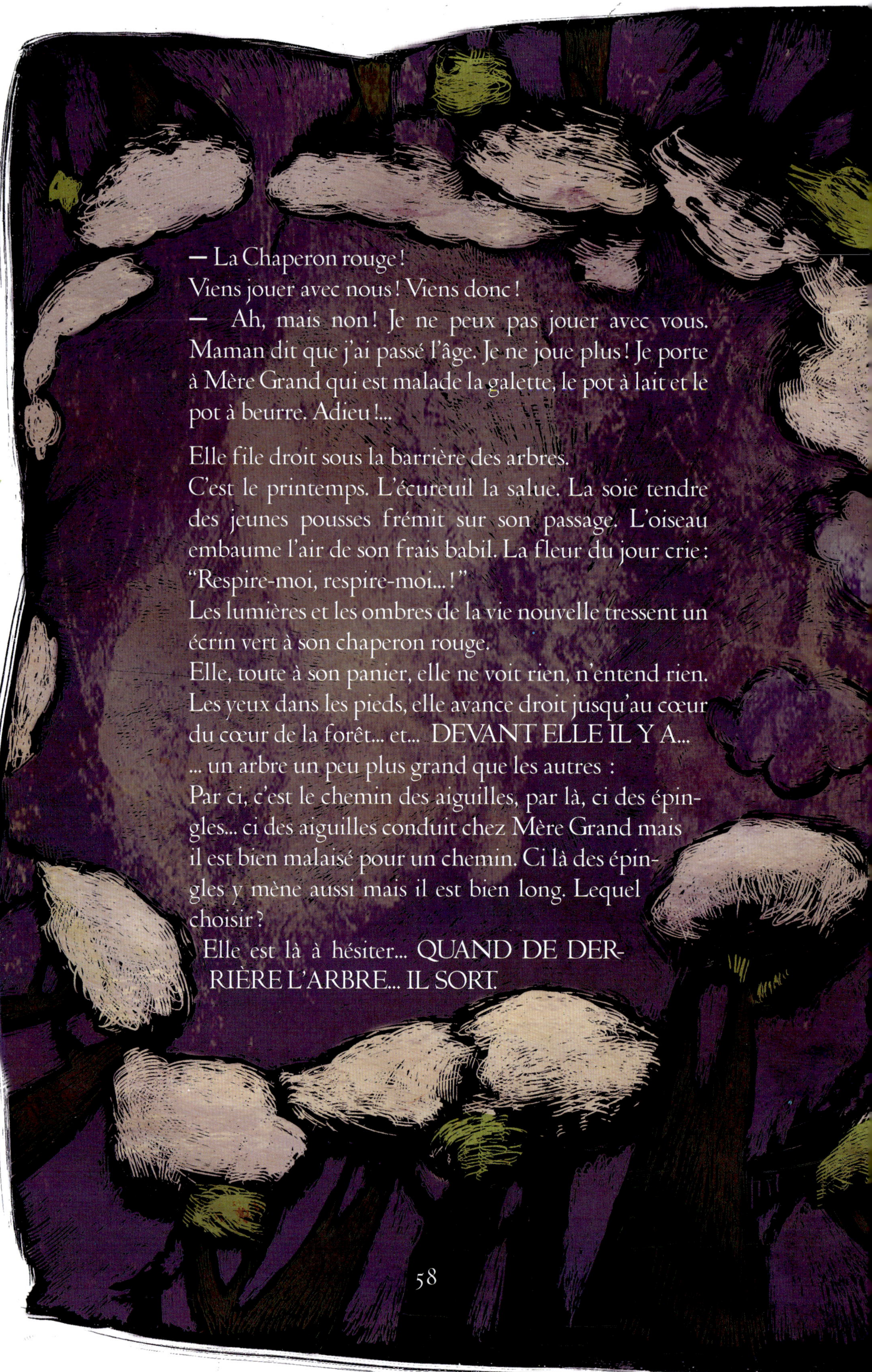

— La Chaperon rouge !
Viens jouer avec nous ! Viens donc !
— Ah, mais non ! Je ne peux pas jouer avec vous. Maman dit que j'ai passé l'âge. Je ne joue plus ! Je porte à Mère Grand qui est malade la galette, le pot à lait et le pot à beurre. Adieu !...

Elle file droit sous la barrière des arbres.
C'est le printemps. L'écureuil la salue. La soie tendre des jeunes pousses frémit sur son passage. L'oiseau embaume l'air de son frais babil. La fleur du jour crie : "Respire-moi, respire-moi... !"
Les lumières et les ombres de la vie nouvelle tressent un écrin vert à son chaperon rouge.
Elle, toute à son panier, elle ne voit rien, n'entend rien. Les yeux dans les pieds, elle avance droit jusqu'au cœur du cœur de la forêt... et... DEVANT ELLE IL Y A...
... un arbre un peu plus grand que les autres :
Par ci, c'est le chemin des aiguilles, par là, ci des épingles... ci des aiguilles conduit chez Mère Grand mais il est bien malaisé pour un chemin. Ci là des épingles y mène aussi mais il est bien long. Lequel choisir ?
Elle est là à hésiter... QUAND DE DERRIÈRE L'ARBRE... IL SORT.

Il est superbement proportionné, la lippe avantageuse et le regard charbonneux. C'est un jeune homme en tout point admirable et attentionné :

— La Chaperon rouge, qu'est-ce que vous faites là, toute seule au fond des bois ? Votre merveilleuse mère a-t-elle oublié de vous enseigner la plus élémentaire des prudences ? Savez-vous ce que c'est que de s'exposer aux soleils noirs des mauvaises rencontres ?

— Mais Monsieur, c'est Maman qui m'envoie. Je dois aller porter la galette, le pot à lait, le pot à beurre à Mère Grand qui est malade...

— Mère Grand malade ! Que ne le disiez-vous ! Elle est chère à mon cœur. Permettez que j'accompagne ! Courons lui apporter le réconfort de notre présence !

— Monsieur, c'est que Maman ne veut pas du tout que je me fasse accompagner par un monsieur qu'elle ne connaît pas, ni par un monsieur qu'elle connaît, d'ailleurs...

— Votre incomparable mère a raison. J'irai par le chemin des aiguilles, c'est le plus difficile, vous par celui des épingles et pour rendre la chose un peu plus piquante, nous ferons une course. Le premier arrivé donnera à l'autre un gage...

— Un gage, Monsieur, qu'est-ce qu'un gage ?

— Eh bien, voyez-vous, un gage, naturellement c'est... Voyons, mon gage, si je gagne... c'est que... vous devrez me donner un baiser...
UN VRAI BAISER D'AMOUREUSE...

À peine elle a dit oui, lui, il disparaît sur le chemin des aiguilles à la vitesse d'un battement de cils tandis qu'elle, sur le chemin des épingles :

— Comme c'est joli toute cette verdure ! Oh ! Le mignon petit animal à la queue en panache ! Que l'air de la forêt est doux ! Et quels parfums délicieux ! Il faut absolument que je respire toutes ces fleurs ! Ce jeune homme me plaît. Il veut m'embrasser. Pourquoi ne l'a-t-il fait sur-le-champ ? Quelle torture de devoir aller lentement, mais il faut que je perde ! Que les garçons font de complications !

Lui, il est déjà devant la maison de Mère Grand. D'un geste, il fend sa peau d'homme, la fait tomber à ses pieds.
C'est un loup, un énorme loup gris à la prunelle noire comme le charbon, à la babine rougeoyante.
Il lève le poing sur la porte... POC POC POC...

— Qui est là ?
La voix de Mère Grand sent le savon à l'eau de Cologne, les gâteaux secs et le thé de cinq heures.

... C'EST MOI, LA CHAPERON ROUGE !... hurle le loup.

Sa voix formidable fait couler les torrents des montagnes, embrase le vent, essore les chênes. Mère Grand est sourde. Sous le bonnet, elle perçoit vaguement ... A... PE... ON... ROU... E...

— Ah, c'est toi ! Tire la bobinette et la chevillette cherra !

Le loup tire la bobinette, la chevillette choit, il pousse la porte, entre, égorge Mère Grand, en dévore une part et avec l'autre fait... UN PÂTÉ... Avec un linge il éponge le sol, tord le linge pour remplir de sang... UNE CARAFE... qu'il pose sur la table à côté du pâté, puis il visse le bonnet de nuit de Mère Grand sur sa tête, enfile la chemise de Mère Grand et se couche dans le lit de Mère Grand.
La Chaperon rouge arrive :

— Zut ! Flûte ! Crotte ! J'ai gagné ! Il n'est pas là. Tant pis ! Ce sera pour la prochaine fois... POC POC POC...
— ... QUI EST LÀ ?...
— C'est moi, la Chaperon rouge ! Mais Mère Grand, que vous avez une drôle de voix !...
— C'est que je suis enrouée. Tire la bobinette et la chevillette cherra.

Elle tire la bobinette, la chevillette choit, elle entre.

— ... Mère Grand, je vous apporte la galette, le pot à lait et le pot à beurre.

C'est Maman.... parce que vous êtes malade... Mère Grand, ne me laissez pas plantée devant la cheminée comme une idiote, dites-moi où je pose mon panier...

— Pose-le sur la table. Hé ! La Chaperon rouge, tu dois avoir bien faim après ta course dans les bois ?

— Oui, j'ai fort faim.

— IL Y A DU PÂTÉ SUR LA TABLE. SERS-TOI ET MANGE !

Elle se coupe une large tranche de pâté.

— MÈRE GRAND, QU'IL EST BON CE PÂTÉ ! DE MA VIE JE N'AI GOÛTÉ METS PLUS DÉLICIEUX ! JE PEUX EN REPRENDRE ?

Et elle expédie la terrine.

— TU DOIS AVOIR SOIF. IL Y A DU VIN SUR LA TABLE...

Elle remplit un verre à ras bord. Elle boit.

— MÈRE GRAND QU'IL EST BON CE VIN. IL ME SEMBLE QU'IL M'EST DESTINÉ DE TOUTE ÉTERNITÉ...

La Chaperon rouge liquide la CARAFE.
Pendant ce temps, le chat de Mère Grand crie sur le rebord de la fenêtre.

— Fille ! Arrête ! C'est la chair de ta Grand que tu manges ! Arrête !
C'est le sang de ta Grand que tu bois.

Elle n'entend ni ne comprend. Elle a fini de manger et de boire.

— ... Mère Grand, que de bontés vous avez eues pour moi ! Dites-moi, maintenant, comment vous exprimer ma reconnaissance ?

— Viens te coucher près de moi, j'ai froid.

— Je ne peux pas me coucher, je suis toute habillée !

— DÉSHABILLE-TOI !

Elle ôte le manteau rouge, les chaussures, les jupette, chemisette, culotte, les chaussettes rouges.

— Mère Grand, où poser mes habits ?

— JETTE-LES DANS LE FEU ! TU N'EN AURAS JAMAIS PLUS BESOIN !

Elle le fait. Elle est nue. Le loup entrouvre le lit. Elle se couche au côté de Mère Grand.

— Hm ! Pff ! Ah ! Mère Grand, que vous avez une grande... TAILLE !

— C'est que je suis allongée, mon petit. On paraît toujours plus grand quand on est couché.

— Mère Grand, que vous avez de grandes oreilles !

— C'est pour mieux t'entendre et t'écouter, mon sansonnet !

— Mère Grand, que vous avez de grands yeux !

— C'est pour mieux te voir, t'admirer, te contempler, mieux aimer !

— Mère Grand, que vous avez de grands bras !

— C'est pour mieux te presser contre moi et t'enlacer serrée, mon adorée !

— Mère Grand, que vous avez une grande bouche !

— C'est pour mieux t'apprécier, goûter à ta beauté, la dévorer de baisers !...

— Mère Grand, ah ! que vous avez un grand !...

— Ça, c'est pour mieux TE...

Et coupant court, le loup se rue sur elle,
FORMIDABLE.
Elle, nue, libre de ses mouvements, s'extirpe de l'édredon, saute hors du lit, court à la porte.
Lui, empêtré dans la chemise, le bonnet sur les yeux, les pieds entravés par les couvertures, s'abat sur le sol avec un bruit mou.
Le temps qu'il se relève, elle est dehors.
Il se précipite à sa suite et reçoit la lourde porte de chêne, la bobinette, la chevillette et tout le saint-frusquin en plein dans la gueule.

Il s'y brise toutes les dents.
Elle court dans la forêt sur le chemin des aiguilles
QUI NE LA RAMÈNE PAS CHEZ SA MÈRE.
Un homme la recueille et la vêt. Elle sort de l'histoire.
Le loup, le gris, l'édenté, de faim, à moins que ce ne soit
de honte, il meurt.

C'est fini.

L'eau noire

Entre les deux fleuves s'étend la première ville du monde.
Les hommes et les animaux la peuplent paisiblement. Un roi et un vizir l'administrent. On mange les fruits des jardins, on boit l'eau des fleuves, on pense peu, on parle encore moins. On vit jeune, on vit vieux, on meurt sans histoire. Une nuit, le vizir fait un rêve.

— Sire, deux vagues sombres balayent les fleuves, souillent l'eau. Malheur à qui la boit. Il devient fou, sans remède possible.

— Ton songe dit vrai. Les vagues viendront et l'eau sera changée. Les gens ne cesseront d'avoir soif et ils seront perdus. Mon vieil ami, que faire ?

— Construire une citerne dans le palais, la remplir d'eau pure pendant qu'il est encore temps. Vous et moi, nous y boirons, nous resterons sains d'esprit, nous pourrons veiller sur la ville, soigner les insensés...

La citerne fraîchement maçonnée, tout juste remplie, les deux vagues annoncées passent. Les deux fleuves charrient désormais l'eau noire. Bêtes et gens s'abreuvent. Ils ont soif.

Quand elles ont bu, les bêtes, devenues muettes, fuient la compagnie des êtres humains, s'éparpillent dans le monde sauvage.

Les hommes, les femmes, eux, plus ils reviennent aux fleuves, plus ils font de bruit avec leur bouche. Leur vacarme recouvre la ville.

L'eau du Tigre est insurpassable !
Rien ne peut être comparé au nectar que distille l'Euphrate !

Les hommes, les femmes, font sonner les mots. Les plus fanfare, ils les nomment des idées. Ils se bousculent pour elles. Certains, plus atteints, adressent leurs paroles à la foule assemblée qui les écoute... avant d'exploser en huées haineuses. Les mots bizarres foisonnent. Les esprits s'enflamment. Les corps s'entrechoquent.

Le roi et le vizir contemplent le désastre depuis la terrasse du palais.

— Sire, il faut leur parler... Vous seul pouvez les calmer avant que tout ne soit détruit.

— Mon ami, c'est que je n'ai rien à leur dire...

Un petit valetaillon qui passe sous la terrasse les entend.

— Le roi n'a rien à nous dire ! Le roi est un imbécile !

LE ROI EST UN IMBÉCILE !
LE ROI EST UN FOU !

La foule gronde, menace.
Qu'il aille boire aux deux fleuves. S'il veut être notre roi, qu'il boive !

— Sire, il faut y aller, sinon ils vont vous mettre en pièce. Moi seul, conserverai le secret de la citerne. Vous n'aurez qu'à suivre mes conseils.

Acclamé par le peuple en délire, le roi va boire aux deux fleuves. Longuement. Il était le plus sage. Il est le plus fou. Il invente les lois, la monnaie, les impôts, le gouvernement, l'armée, la guerre.

Il pend son vizir.

Et depuis, le monde est monde.

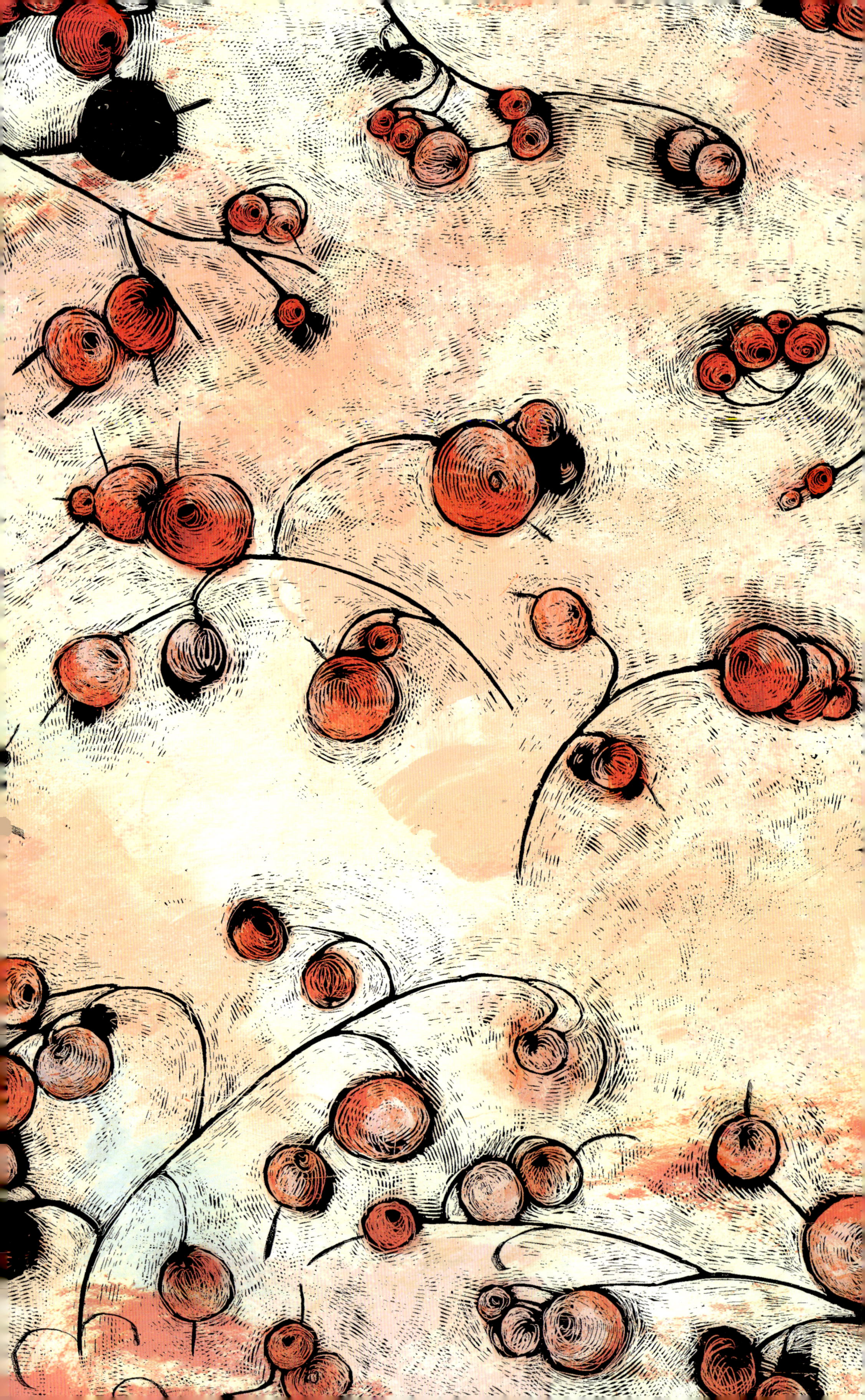